AMÉLIE AMESTOY

REBECCA

LA SORCIÈRE

COMÉDIE EN TROIS ACTES

PARIS

RENÉ HATON, LIBRAIRE-ÉDITEUR

35, RUE BONAPARTE, 35

REBECCA LA SORCIÈRE

RENÉ HATON, libraire-éditeur, 35, rue Bonaparte, Paris.

AMÉLIE AMESTOY

REBECCA

LA SORCIÈRE

COMÉDIE EN TROIS ACTES

PARIS

RENÉ HATON, LIBRAIRE-ÉDITEUR

35, RUE BONAPARTE, 35

—

PERSONNAGES

HENRIETTE-MARIE DE FRANCE, reine d'Angle-
  terre, femme de Charles Ier.
HENRIETTE D'ANGLETERRE, sa fille.
LA DUCHESSE DE MILFORD, ennemie de la reine.
LADY SARAH HOWARD, amie de la duchesse.
LADY HAMILTON.
MARY DE CLAREMONT, nièce de la duchesse.
NELLY MURRAY, compagne d'enfance de Mary.
ANN, femme d'un pêcheur.
DICK, son fils.
RUTH.
GRACE.
LUCY TAYLOR.
EDITH.
MABEL.
NORA.
LOUISE D'ESCLIMONT. } demoiselles de la suite
MARGUERITE DE LANSAC. } d'Anne d'Autriche.

Les deux premiers actes se passent en Angleterre, dans
  le comté de Cornouailles, en 1644 ; le troisième en
  France, à Saint-Germain-en-Laye, vers 1659.

REBECCA LA SORCIÈRE

ACTE PREMIER

LE COMPLOT

Une soirée intime chez la duchesse de Milford. — Une nombreuse société de dames est réunie dans un salon orné avec un luxe un peu sévère. — Au premier plan, une table devant laquelle la duchesse de Milford et lady Hamilton sont assises et jouent gravement aux échecs. Non loin d'elles se tient Mary, occupée à une broderie. — Autour, quelques groupes de jeunes femmes et de jeunes filles ; les unes feuillettent des livres, les autres devisent entre elles.

SCÈNE PREMIÈRE

LA DUCHESSE DE MILFORD, LADY HOWARD, MARY, LUCY TAYLOR, RUTH, GRACE, EDITH, MABEL, NORA, et les autres dames.

LA DUCHESSE, *faisant manœuvrer une pièce sur l'échiquier.*

Positivement, j'ai de la chance ce soir.

LADY HOWARD, *opérant le même mouvement.*

Oh! duchesse, n'en avez-vous pas toujours? On peut dire sans exagération que toute partie d'échecs jouée contre vous est perdue d'avance.

LUCY TAYLOR, *tenant un livre à la main.*

En vérité, mesdames, ces vers sont délicieux. Quel poète tout de même que ce M. Voiture, et comme je comprends l'enthousiasme des Français pour lui! On n'a jamais vu tant d'esprit, une telle verve.

RUTH, *avec dédain.*

Question de mode, ma chère. Un jour on se lassera de toutes ces fadeurs.

LUCY

Non, Ruth. Vous parlez ainsi parce que vous ne vous intéressez pas comme moi au grand mouvement littéraire qui se produit en France.

RUTH, *moqueuse.*

Grâce à votre Voiture.

LUCY

Ne plaisantez donc pas; il n'y a pas que lui. Et mademoiselle de Scudéry? Et Corneille?

GRACE, *avec mépris.*

Qu'est-ce que tous ces prétendus bons auteurs à côté de nos grands poètes anglais, de notre incomparable Milton, de notre sublime Shakespeare, de...

LUCY

Sans doute, sans doute, dans leur genre ils sont dignes d'admiration. Mais, voyez-vous, Voiture a quelque chose de subtil, d'indéfinissable qui dénote une imagination peu ordinaire. Ses lettres étincellent d'esprit.

MABEL

Je ne partage pas du tout votre opinion.

LUCY, *piquée*.

Vous avez tort.

MABEL

Pas tant que vous croyez.

LUCY

Que je vous plains d'avoir l'âme fermée à de si belles choses !

RUTH

Paix ! mesdemoiselles ; vous allez troubler ces dames. (*Désignant les joueuses.*) Vous savez bien que madame la duchesse de Milford est passionnée pour les échecs.

MABEL

Comme mademoiselle Taylor pour la poésie française. (*A Lucy.*) D'où vous vient ce bel engouement, ma chère ?

LUCY

Je le dois à mon frère Gérald. Comme vous le savez, il est revenu dernièrement de France. Il a fréquenté tous les beaux esprits de la cour, l'hôtel de Rambouillet. Il ne fait que me parler de ce qu'il a vu et entendu.

MABEL

Et il vous a fait partager son enthousiasme.

LUCY

A un tel point, que je donnerais toute notre fortune pour aller, moi aussi, à Paris, faire connaissance avec cette spirituelle société, ces précieuses que j'admire et que j'envie.

LA DUCHESSE, *vivement.*

Ah ! quel coup ! Chère lady, vous êtes en grand danger. Attention ! Echec à la reine !

LADY HOWARD

A la reine !... Tâchons de la sauver.

LA DUCHESSE

C'est en vain qu'elle chercherait à m'échapper. Elle est bien perdue.

EDITH *à Nora.*

Que dit-on de nouveau ce soir, chère Nora ?

NORA

Beaucoup de choses, mais sous toutes réserves.

EDITH

Quoi donc?

NORA, *avec mystère.*

On croit que M. Cromwell ne va pas tarder à triompher. Le roi perd du terrain. Ses troupes découragées semblent vouloir renoncer à la lutte. Le nombre de ses partisans décroît de jour en jour.

EDITH

Pauvre roi Charles !...

LADY HOWARD

Duchesse, vous m'écrasez... Comment faire pour vous empêcher de remporter la victoire?... Il me vient une idée. Si je mettais une de mes tours en mouvement?

LA DUCHESSE, *railleuse.*

Je comprends votre coup : vous voulez sauvez le roi. Mais quand la reine est prise, malheur à lui !

NORA

Que voulez-vous ? C'est sa faute, aussi.

EDITH

Et la reine Henriette ?

N O R A

La reine? Les uns disent qu'elle est à Exeter, les autres...

LA DUCHESSE, *faisant avancer une pièce.*

Echec au roi !

N O R A

... qu'elle a laissé ses enfants à la garde de personnes dévouées et s'est réfugiée dans une forêt en attendant une occasion favorable pour gagner le port de Falsmouth, d'où elle compte s'embarquer pour la France.

E D I T H

Pourquoi ne va-t-elle pas en Hollande? N'a-t-elle pas déjà trouvé dans ce pays un appui et l'argent qui a permis à Charles Ier de lutter contre le Parlement et Cromwell?

LA DUCHESSE

Echec au roi !

N O R A

C'est vrai. Mais les Hollandais sont las, ma chère, de fournir des subsides pour une cause perdue. Et puis, après tout, la reine Mary, comme nous avons coutume de l'appeler, est la fille de Henri IV, la sœur du défunt roi de France Louis XIII. Il n'est pas extraordinaire qu'elle tourne ses regards vers son pays. Elle espère probablement gagner l'appui de sa belle-sœur Anne d'Autriche et du ministre Mazarin.

LA DUCHESSE

Echec et mat! Vous êtes vaincue, ma pauvre lady. (*Se levant et se tournant vers les invitées*) Allons, mesdames, lesquelles de vous veulent nous remplacer?... En vérité, je ne connais pas de jeu plus passionnant que les

1.

échecs. Par saint Georges! Palamède, s'il a existé, était un grand homme... La place est libre. Que celles d'entre vous que ma proposition tente se lèvent. (*Edith et Nora se regardent et s'avancent.*)

EDITH

Nous, madame.

LA DUCHESSE

J'en étais sûre. Il m'est venu aux oreilles que vous avez comme moi un faible pour ce jeu savant. Je vous en félicite. (*Edith et Nora s'installent à leur tour devant la table et disposent les pièces sur l'échiquier; pendant ce temps, la duchesse et lady Howard vont s'asseoir à l'écart sur un sofa.*)

LA DUCHESSE, *à mi-voix.*

Cette réunion et cette partie d'échecs ne sont qu'un prétexte, ma chère lady. Vous l'avez bien compris, n'est-ce pas? Profitons donc, si vous le voulez, de ce que ces dames sont occupées, et causons un peu de choses sérieuses.

LADY HOWARD

Je vous écoute, duchesse.

LA DUCHESSE

Lord Howard a-t-il mis à profit mes conseils?

LADY HOWARD

De point en point en ce qui concerne le roi. Ce dernier, très en péril à Oxford, voit sa situation de plus en plus compromise. Pour la reine... (*A ce mot, Mary tressaille et se rapproche insensiblement du groupe des deux dames; elle prête une oreille attentive à la conversation, mais sans en avoir l'air.*) c'est différent.

LA DUCHESSE, *vivement.*

Vous savez quelque chose à son sujet?

LADY HOWARD

Oui. Mon mari a découvert la retraite de Henriette.

LA DUCHESSE

Ah! ah!

LADY HOWARD

Des renseignements certains nous ont appris qu'elle s'est déguisée en villageoise et qu'elle a demandé asile à la femme d'un pêcheur dont la cabane se trouve à quelques milles d'ici, sur la côte. (*Marie semble en proie à une vive agitation.*) Des amis dévoués, dispersés dans la forêt voisine, attendent le bon moment pour s'enfuir avec elle.

LA DUCHESSE, *riant.*

Par exemple! pour la fille d'un Gascon, ce n'est pas très fort de choisir pour refuge un endroit précisément situé sur les confins de mes domaines.

LADY HOWARD

Ses précautions sont bien prises, du moins en apparence, et, sans notre petit espionnage, nul ne se douterait que la pauvre paysanne hébergée par la femme du pêcheur régna dix-huit ans sur le peuple anglais.

LA DUCHESSE, *pensive.*

Et depuis quand s'y trouve-t-elle ?

LADY HOWARD

Depuis hier seulement. Elle compte y rester plusieurs jours, en attendant l'arrivée d'un bateau qui doit la conduire en France, où elle va chercher un abri sûr.

LA DUCHESSE, *de même.*

Un abri sûr... (*Après un instant.*) Et vous me garanti ssez l'exactitude de ces renseignements?

LADY HOWARD

Puisque je vous répète que lord Howard, mon époux, a payé un espion qui a suivi la reine pas à pas.

LA DUCHESSE

C'est bien, je vous remercie, milady. Mais encore une question. Pourriez-vous me dire le nom de la femme qui a donné asile à Henriette-Marie?

LADY HOWARD

Parfaitement. Elle s'appelle Ann Amstrong et elle habite la chaumière isolée qui est située près de l'oratoire de Saint-Guy.

LA DUCHESSE

Encore une fois, je vous sais gré de ces indications. Vous avez fait preuve d'un zèle dont je vous récompenserai largement plus tard. Pour le moment, il faut nous occuper de surprendre mon ennemie.

LADY HOWARD, *avec surprise.*

Votre ennemie, duchesse!... Ce ne sont donc pas vos convictions politiques qui vous font agir en cette circonstance?

LA DUCHESSE, *avec amertume.*

Non... J'ai prononcé le nom d'ennemie. Sachez que Henriette l'est devenue depuis le jour où, pour une vaine question de préséance, parce que, dans une circonstance solennelle, je refusai de céder le pas à madame de Saint-Georges, une des dames de la suite de la reine, cette arrogante princesse m'infligea un affront public. C'était dur pour une femme de mon rang, remontant en outre, par ses ancêtres, aux vieux rois saxons. Aussi ai-je voué à Henriette-Marie une haine implacable. Je n'ai plus rêvé que de me venger d'une façon effrayante.

LADY HOWARD

Et vous avez pu attendre si longtemps !

LA DUCHESSE

Le moyen de l'atteindre sûrement? La frapper dans ses affections maternelles ? Le pouvais-je sans crime et sans m'attirer des ennuis ? La perdre dans l'esprit du peuple?... Mon crédit n'était pas assez grand pour tenter un essai de ce genre. Pourtant, grâce à quelques menées occultes, je lui suscitai des ennemis : Buckingham, la comtese d'Essex, victime comme moi des caprices de cette souveraine. Vains efforts ! C'était peu pour apaiser ma soif de vengeance.

LADY HOWARD

Ne pouviez-vous pas...

LA DUCHESSE, *avec exaltation.*

Enfin, l'heure est arrivée. Ah ! reine Mary, reine Mary, tu ne t'échapperas pas de mes mains. Voilà de longues années que je te poursuis sans défaillance, sans découragement; tremble : je tiens ma revanche. (*Mary parait atterrée.*)

LADY HOWARD, *effrayée.*

Par grâce, duchesse, parlez moins haut : on pourrait vous entendre.

LA DUCHESSE, *baissant la voix.*

Vous avez raison. Combinons donc notre plan. A mon avis, il serait bon de faire prévenir M. Cromwell de votre découverte.

LADY HOWARD

Telle est aussi mon opinion.

LA DUCHESSE

Puis il faudrait que demain, dans la matinée, lord Howard envoyât quelques-uns de ses hommes à la côte, pour cerner la cabane où la reine est réfugiée.

LADY HOWARD

Je me charge de transmettre votre désir à mon mari.

LA DUCHESSE

Bien. Je veux avoir la satisfaction de surprendre Henriette, me repaître de son désespoir en se voyant livrée à ses ennemis.

LADY HOWARD

Il me semble que tout doit s'accomplir au gré de vos désirs.

MARY, *à part.*

Oh! mon Dieu, ne l'empêcherez-vous pas?

LA DUCHESSE

Ainsi, voilà qui est bien convenu. De mon côté, je me rendrai chez Ann. La petite troupe envoyée par votre mari me suivra à distance. Pourrez-vous m'accompagner, milady?

LADY HOWARD

Certainement, duchesse; comptez sur moi.

MARY, *à part.*

Non, non, je tâcherai de faire avorter ce projet.

LA DUCHESSE

Maintenant, plus un mot. (*Se tournant vers Mary.*) Voulez-vous, Mary, conduire ces dames jusqu'à la grande salle où j'ai fait préparer la collation?... (*La regardant attentivement.*) Mais qu'avez-vous, ma chère ? Comme vous êtes pâle !...

MARY

Moi, ma tante ?... Je n'ai rien... C'est sans doute la chaleur. (*A part.*) Je ne sais plus ce que je dis. (*Haut.*) La journée a été accablante.

LA DUCHESSE, *haussant les épaules.*

Faites ce que je vous dis, n'est-ce pas ? (*Un peu plus bas.*) Et revenez me trouver dans quelques instants ; j'ai deux mots à vous dire.

MARY

Bien, ma tante.. (*Elle sort lentement, accompagnée des invitées.*)

LA DUCHESSE, *à lady Howard.*

Le caractère de Mary devient de plus en plus bizarre.

LADY HOWARD

Elle regrette peut-être le séjour de Londres, qui lui offrait beaucoup de distractions.

LA DUCHESSE, *secouant la tête.*

Je ne sais ce qu'elle a ; mais elle m'exaspère... (*Changeant de ton.*) Lady, restez un moment avec ces dames ; je vous rejoindrai dans quelques minutes. (*Lady Howard sort.*)

SCÈNE II

LA DUCHESSE DE MILFORD

C'en est donc fait : demain je serai vengée... Oh ! pensée délicieuse ! Voir la toute-puissante Henriette, le mauvais génie de Charles, vaincue et humiliée !... Il me semble déjà assister à cette scène, et tout mon être en tressaille d'aise... Demain !... Ah ! qu'il me tarde que ce jour soit écoulé !... (*Mary entre.*)

SCÈNE III

LA DUCHESSE, MARY

LA DUCHESSE

Approchez, Mary... Avez-vous accompli mes recommandations ?

MARY

De mon mieux, ma tante.

LA DUCHESSE

Vous appelez « de votre mieux » cet air contraint et ennuyé qui vous fait ressembler à une recluse ? Je ne suis pas contente de vous, Mary.

MARY

Oh ! ma tante, moi qui fais tout ce que je peux pour me montrer prévenante, pour...

LA DUCHESSE, *d'un ton sec.*

C'est possible ; mais vous ne réussissez qu'à me déplaire.

MARY

Puis-je vous demander en quoi ?

LA DUCHESSE

Je voudrais vous voir gaie comme les jeunes filles de votre entourage, qui mettent l'entrain partout, et non sauvage et concentrée comme vous l'êtes, surtout depuis quelque temps.

MARY

Il ne faut pas m'en vouloir, ma tante. Puis-je oublier
que mon excellent père a trouvé la mort l'an dernier
dans les champs de Newbury, et que je porte encore des
vêtements de deuil ?...

LA DUCHESSE

Suis-je moins à plaindre, moi qui ai perdu mon époux
sur ce même champ de bataille ? Il ne combattait pas
dans les rangs de mon frère ; mais il était aussi vail-
lant.

MARY

Il est vrai que nous fûmes bien éprouvées toutes les
deux. Pourtant, à mon âge...

LA DUCHESSE, *l'interrompant vivement.*

A votre âge ?... Je comprends : vous faites allusion à
votre éclatante jeunesse que vous comparez à ma vieillesse hâtive, à mes cheveux grisonnants.

MARY, *interdite.*

Ma tante, ce n'est pas cela que je voulais dire.

LA DUCHESSE

Ne protestez pas. Je vous répète que votre humeur me
déplaît énormément. Ainsi, ce soir, c'est à peine si vous
avez dit deux mots.

MARY

Je connais si peu ces dames !...

LA DUCHESSE

Ecoutez, Mary, je veux bien me montrer encore indul-
gente envers vous ; mais j'exige en retour moins de sau-
vagerie à l'avenir. J'ai de grands projets en perspective,
pour lesquels votre concours m'est nécessaire. Vous êtes
adroite, intelligente, je le reconnais. Si vous répondez à

mes vues, je me montrerai généreuse en vous préparant un avenir splendide.

MARY

Je ne suis pas intéressée.

LA DUCHESSE

Pourtant, vous êtes seule au monde ; de plus, vous ne possédez aucune fortune. Moi, au contraire, j'ai des biens immenses et ne laisserai pas d'héritiers... Je me trompe : c'est vous qui serez mon héritière. N'est-ce pas là une belle perspective ?

MARY

Trop belle ; mais, à mon âge...

LA DUCHESSE, *railleuse.*

Encore... vous êtes tenace. Continuez.

MARY

... on a surtout besoin d'affection. Celle d'une mère m'eût été si précieuse !...

LA DUCHESSE

Vous pouvez gagner la mienne. Seulement, cela dépend de vous. Pour me prouver que vous désirez la conquérir, je vous demande de m'accompagner après-demain chez lady Osborne qui donne une grande réception dans sa résidence de Bristone.

MARY, *à part.*

Lady Osborne ! la femme d'un des plus chauds partisans de Cromwell.

LA DUCHESSE, *adoucissant sa voix.*

Et je veux que vous soyez très belle. Vous n'avez aucun goût pour la parure, et (*Avec ironie.*) *à votre âge,* c'est un tort. Vos traits sont fins, réguliers, votre physionomie

est vive et spirituelle ; il faut faire valoir tout cela, enten-
dez-vous ?

MARY

Oui, ma tante.

LA DUCHESSE, *de même.*

Et vos cheveux, qui sont si noirs et si abondants, pourquoi les arranger d'une façon ridicule ? Ces bandeaux
plats ne vous vont pas, ma pauvre enfant ; ils vous vieil-
lissent. Quelques boucles éparses égayeraient singulièrement votre front... Tenez... comme ceci... (*Elle lui ar-
range les cheveux.*) Vous comprenez ?

MARY

Oui, ma tante.

LA DUCHESSE

Et vous tâcherez d'être gaie ?

MARY, *avec effort.*

Je tâcherai. Mais soyez bien persuadée que je ne pa-
raîtrai à cette réunion que pour vous obéir. Songez : mon
deuil est si récent...

LA DUCHESSE, *se levant et se dirigeant vers la porte.*

Un peu de distraction changera le cours de vos idées.
Ainsi, je compte sur vous, Mary. Et rappelez-vous que
vous avez tout à gagner en vous confirmant à mes désirs,
tout à redouter de moi si vous vous montrez opiniâtre et
rebelle... Allons, je vous laisse ; je vois que vous tombez
de sommeil. Vous pouvez vous retirer dans votre chambre ; quant à moi, je vais retrouver mes invitées. Bonsoir.
(*Elle lui donne sa main à baiser.*)

MARY

Bonsoir, ma tante.

LA DUCHESSE, *revenant.*

Ah ! encore un mot. Si je ne suis pas là demain à l'heure du dîner, ne vous inquiétez pas de moi. Je dois m'absenter pour une raison majeure.

MARY

Bien, ma tante. Je vous remercie de me prévenir. (*La duchesse sort.*)

SCÈNE IV

MARY

Des fêtes, des réceptions !... Il faut que j'entende parler de cela quand j'ai le cœur rempli de tristesse et d'angoisse... Aurai-je le courage de surmonter mes répugnances et de paraître à cette réunion avec le sourire aux lèvres ?... Triste existence que la mienne depuis que Dieu m'a faite orpheline !... De quelque côté que je tourne mes regards, je ne vois que sujets de trouble et de crainte... Et la reine... Oh ! la sauver, la sauver !... Mais comment ?... (*Un léger bruit se fait entendre ; Mary tressaille.*) Qu'est-ce que ce bruit ? Est-ce ma tante qui revient ?... (*Elle écoute.*) Non, plus rien. Je me suis peut-être trompée. (*Le bruit recommence.*) Cette fois, j'ai bien entendu... C'est un frôlement qui se produit dans la direction de la tapisserie. O mon Dieu ! pourvu que des oreilles indiscrètes n'aient pas saisi mes paroles !... J'ai peur. (*Une porte dérobée s'ouvre à gauche. Mary jette un cri.*)

SCÈNE V

MARY, NELLY MURRAY *sortant d'un cabinet*
et se précipitant vers Mary.

NELLY

Ah ! mademoiselle, chère mademoiselle Mary, je vous
retrouve enfin !

MARY, *saisie.*

Toi ici, Nelly !... Est-ce un rêve, une vision ? Suis-je
réellement éveillée ?

NELLY

Oui, mademoiselle, n'en doutez pas : c'est bien votre
petite Nelly en chair et en os que vous voyez devant
vous.

MARY

Mais comment te trouves-tu en ces lieux ?

NELLY

Par un concours de circonstances multiples. J'étais à
Londres quand j'appris la mort glorieuse de votre noble
père, le comte de Claremont.

MARY

Il a donné sa vie pour son roi.

NELLY

Cette fin était digne de lui. Dieu a récompensé là-haut
tant de vertus unies à une valeur rappelant les temps de la
chevalerie. Pour en revenir à mon récit, je sus également
que vous aviez suivi votre tante, la duchesse de Milford,
en Cornouaille.

MARY, *soupirant.*

Voilà un an que nous sommes dans ce château, qui

me semble bien triste, comparé à notre manoir de Claremont. Te souviens-tu de nos beaux jours ? Moi, j'y pense
sans cesse. Je vois mon père s'occupant de mon éducation avec un soin tendre et une intelligence parfaite. Je
te vois aussi, Nelly, compagne de mes jeux, affectueuse
et prévenante, comme ton père, notre brave intendant
qui nous était si dévoué.

NELLY

Dites si reconnaissant, chère demoiselle. Il devait tant
à monsieur le comte qui, lorsque je perdis ma mère, se
montra infiniment bon pour nous, pour moi surtout!
N'est-ce pas à ce digne seigneur que je dois le bienfait
d'une éducation bien supérieure à celle que l'on donne
aux jeunes filles de ma classe ?

MARY

Tu en profitais admirablement. Partout on vantait ton
intelligence, ton ardeur au travail, et mon père disait
souvent que tu apprenais avec plus de facilité que moi.

NELLY

Je ne sais ; mais je faisais tout ce que je pouvais pour
me rendre digne d'une telle faveur.

MARY

Et les visites aux pauvres, aux malades, que nous faisions ensemble! C'était toujours toi qui me signalais les
misères que je ne soupçonnais pas.

NELLY

Et nos jeux dans le grand parc !

MARY

Oui, tout cela était bon... Nous faisions alors de doux
rêves d'avenir... Puis un jour le vent de la révolution
souffla, menaçant le trône de notre roi bien-aimé. Adieu,

plaisirs tranquilles. Les heures de l'épreuve avaient sonné pour nous.

NELLY

Je n'oublierai jamais le moment de notre séparation. Un matin mon père me dit : « Nelly, il faut avoir du courage ; la guerre vient d'éclater. Je suis obligé de suivre monsieur le comte. Toi, mon enfant, je vais te faire conduire à Londres chez ta grand'mère. »

MARY

Mon père m'avait tenu à peu près le même langage. Il m'avait confié le dessein qu'il avait d'aller combattre pour la cause de son roi, en m'annonçant que je serais confiée aux soins de lady de Milford, sa sœur.

NELLY

Après la sanglante bataille de Newbury, qui nous fit orphelines toutes les deux, je m'abimai dans une tristesse profonde. Ma pauvre aïeule, déjà avancée en âge, tomba en enfance et mourut au bout de deux mois. Que faire, seule, et sans ressources ? Je fus obligée de me placer comme servante dans une métairie, où j'eus à subir mille vexations à cause de ma foi. La fermière était une enragée presbytérienne qui voulait convertir tout son monde à ses idées.

MARY, avec compassion.

Pauvre Nelly ! comme tu as dû souffrir !

NELLY

Tous les jours je demandais à Dieu de me retirer de ce monde, puis, lorsqu'après une crise de désespoir, je sentais l'apaisement se faire en moi, l'idée de me mettre à votre recherche se présentait à mon esprit. Il me semblait qu'en vous retrouvant tous mes malheurs seraient finis. Mais comment y parvenir ?

MARY

Toute autre que toi se fût découragée.

NELLY

Un jour, je pris mon parti et m'échappai de la ferme.
Je marchai jour et nuit, demandant parfois l'hospitalité
à de pauvres paysans qui ne me la refusaient jamais.
Pourtant, à mesure que j'approchais de Falsmouth, je
sentais mes inquiétudes et mes appréhensions reparaître.
Les gens des villages me regardaient d'un air soupçon-
neux, et lorsque je me hasardais à demander le château
de la duchesse de Milford, on me regardait avec ter-
reur.

MARY

Cela ne me surprend pas. Sans exagération, ma tante
est l'effroi de la contrée, le château, un vrai nid de
conspirateurs. Tout le personnel est soigneusement
choisi, et pour se voir admis dans l'intimité de la redouta-
ble maîtresse de ces lieux, il faut avant tout être ennemi
du roi Charles Ier et partisan d'Olivier Cromwell...

NELLY

Je comprends, et je me félicite d'avoir pu pénétrer jusqu'ici sans danger.

MARY

Je ne m'explique pas du tout comment tu as pu y arriver.

NELLY

Voici: en approchant de cette imposante demeure, je
remarquai que le long des chemins convergeant vers
l'entrée, déambulaient des fermières, des femmes du
peuple chargées de provisions. Elles se rendaient évi-
demment au château. Cette vue me suggéra une idée:
celle de me joindre à elles et de pénétrer moi aussi dans

ce domaine. Quelques fragments de conversation enten-
dus çà et là m'apprirent qu'il y avait ce soir-là réception
chez la duchesse. Mon plan réussit à merveille. Je me
glissai dans le parc, et, à la faveur de la nuit tombante,
je parvins jusqu'à la porte d'une petite tour donnant
accès à ce petit réduit d'où vous m'avez vue sortir.

MARY

Je te reconnais à ce trait, ma chère Nelly. Dans ton
enfance, tu étais très espiègle. Devenue plus grande, tu
m'étonnais par tes tours d'adresse... Mais à quoi pen-
sais-tu en t'enfermant dans cette espèce d'armoire ?

NELLY

J'espérais qu'à un moment donné vous viendriez dans
la pièce voisine. Je voulais vous dire : — Mademoiselle
Mary, je suis venue vous trouver, parce que je pense à
vous et que je souffre ; pouvez-vous me garder auprès de
vous ? — Et si je n'avais pu réussir à vous voir, ni
même à entendre le son de votre voix, je me serais enfuie
comme j'aurais pu, l'âme navrée, mais satisfaite d'avoir
tout tenté pour me rapprocher de vous.

MARY, émue.

Je suis touchée, bien touchée de ta fidélité, Nelly...
(Elle l'embrasse.) Ecoute, c'est le Ciel qui t'a inspiré de
venir ici. Tu vas peut-être m'aider à sauver notre malheureuse reine des méchants qui veulent la perdre.

NELLY, étonnée.

Est-ce possible ?...

MARY

Tu sais mon attachement pour cette auguste princesse
qui voulut bien me faire l'honneur de me tenir sur les
fonts du baptême, et qui nous combla, mon père et moi,

2

de ses bienfaits. En ce moment, elle est traquée de toutes parts. Une amie de ma tante, dont le mari est au service de Cromwell, a découvert la retraite de la reine, et demain on doit s'emparer de sa personne.

NELLY

Oh ! mon Dieu !

MARY

Je voudrais au moins prévenir la reine du danger qui la menace ; mais je ne puis sortir sans attirer l'attention et sans risquer de tout compromettre.

NELLY

Et vous ne connaissez personne qui puisse se charger de cette mission ?

MARY

Non, personne. Tout le monde ici est à la dévotion de la duchesse et de lady Howard.

NELLY

Et la pensée de la reine vous préoccupe ?

MARY

Dis plutôt qu'elle me torture. Néanmoins, je vois dans ton arrivée inattendue un secours providentiel. Je sais que tu m'aimes, Nelly, et je suis sûre que tu ne voudrais rien me refuser. Si à nous deux nous essayions de faire avorter les projets de ma tante ?

NELLY

Je ne demande pas mieux, mais comment ?...

MARY, *réfléchissant.*

Ecoute, il est tard et tu dois avoir besoin de te reposer. Il y a à l'extrémité du parc une petite cabane où je vais te conduire. Demain à l'aube, je viendrai te trouver et t'indiquer le chemin qui conduit à la chaumière où s'est réfugiée la reine Henriette.

NELLY

Je m'y rendrai et je l'avertirai, de votre part, du danger qu'elle court.

MARY

Oui ; mais il faudrait encore lui fournir les moyens d'y échapper. Voyons, toi qui as de l'imagination, tâche d'inventer un stratagème.

NELLY

J'ai bien peu de temps devant moi... Enfin j'espère que Dieu m'inspirera.

MARY

En tout cas, comme l'argent est le nerf de la guerre, et que j'en ai un peu sur moi, tiens... (*Elle tire de sa bourse quelques pièces qu'elle donne à Nelly.*)

NELLY

Que faites-vous, mademoiselle ?

MARY

Prends ; tu en auras besoin peut-être. Et à présent allons-nous-en d'ici. Il te faut reprendre des forces pour demain.

ACTE DEUXIÈME

LA CABANE DU PÊCHEUR

Intérieur de la chaumière d'Ann ; meubles rustiques. Au fond, une porte ; à droite, une petite fenêtre ; à gauche, une couchette d'enfant, une autre porte. — Au lever du rideau, Ann et son fils sont à genoux. — Bruit de tempête au dehors.

SCÈNE PREMIÈRE

ANN, LE PETIT DICK

DICK, *les mains jointes.*

« Mon Dieu, ayez pitié de nous et sauvez mon bon père de la fureur des flots. Très sainte Vierge Marie, protégez-le, je vous en supplie. »

ANN, *se signant.*

C'est bien, mon petit Dick, relève-toi. (*Elle se relève ainsi que Dick. A part, en l'embrassant.*) Dieu exaucera sans doute la prière de ce cher innocent. (*Bruit de ton-*

nerre au loin.) C'est égal, je suis inquiète. *(Elle s'assied sur un escabeau et prend un filet qu'elle commence à raccommoder.)*

DICK

Mère !...

ANN

Mon enfant chéri ?

DICK

Est-ce que père rentrera bientôt ?

ANN

Bientôt, je ne sais. Mais si tu es sage, si tu ne fais pas de peine au bon Dieu, il ne lui arrivera pas de mal.

DICK

Et il rapportera beaucoup de poisson, dis, mère ?

ANN

Beaucoup, mon trésor.

DICK

Et nous aurons de l'argent ?

ANN

Oui, car ton père ira vendre sa pêche aux gens du château.

DICK, *avec effroi.*

Oh ! le château de la méchante dame qui n'aime pas les pauvres et qui fait du mal à ceux qui servent le roi !

ANN

Tais-toi, mon Dick ; il ne faut pas parler ainsi.

DICK, *après un instant de silence.*

Mère !

ANN

Que veux-tu, mon enfant ?

DICK, *montrant du doigt la pièce voisine.*

Est-ce que la pauvre paysanne qui est venue l'autre soir, dort encore ?

ANN

Je n'en sais rien. Pourquoi ?

DICK

Je voudrais la voir. Elle a une figure si douce ! Tiens, elle ressemble à l'image de sainte Anne, qui est au-dessus de mon lit.

ANN, *à part.*

Cet enfant a des réflexions bien étranges. (*Coup léger à la porte ; Ann tressaille. Haut.*) C'est peut-être ton père... Mais non, il ne frapperait pas. (*Nouveau coup.*)

DICK, *se serrant contre sa mère.*

Oh ! mère, si c'était un voleur !

ANN, *se levant.*

Les voleurs ne vont pas chez de pauvres gens comme nous. Ne t'effraye pas, mon Dick. (*Elle se dirige vers la porte.*) Qui est là ?

VOIX DU DEHORS

Ouvrez, pour l'amour de Dieu ; c'est une voyageuse qui est bien lasse.

ANN, *à part.*

Dois-je ouvrir ?... Enfin, voyons toujours. (*Elle entr'ouvre la porte ; on voit apparaître Nelly, vêtue de vieux habits, la tête couverte d'un capuchon, et s'appuyant sur un bâton.*)

NELLY, *du dehors.*

Pourrais-je me reposer un instant ?

ANN

Mais oui, ma bonne femme. (*A part.*) Ma foi, tant pis ! quand on est chrétien, on doit rendre service à son prochain. (*Elle fait entrer Nelly tout en jetant un regard furtif vers la porte de gauche.*)

SCÈNE II

ANN, DICK, NELLY

NELLY, *à qui le mouvement d'Ann n'a pas échappé.*
Je vous dérange peut-être.

ANN
Nullement. Asseyez-vous. (*Elle avance un escabeau*).

NELLY, *regardant le filet.*
Vous raccommodiez ce filet ?

ANN
Oui ; c'est celui de mon mari, qui est pêcheur. Il est parti ce matin à l'aube dans sa barque pour aller à la pêche. Le temps était calme et serein. Tout à coup un orage terrible a éclaté. Je tremble qu'il ne soit arrivé malheur à mon pauvre Colin.

NELLY
Tranquillisez-vous. Je viens de longer la côte ; je n'ai ouï parler d'aucun accident. D'ailleurs le vent s'est apaisé et la pluie a tout à fait cessé.

ANN
Ah ! que vos paroles me rassurent, étrangère ! J'étais si tourmentée.

DICK, *à sa mère.*
Mère, cette pauvre femme paraît bonne ; elle nous

annonce la fin du mauvais temps. Si tu lui donnais à manger ? Elle a peut-être faim.

ANN, *à part.*

C'est vrai, je n'y pensais pas. (*Haut à Nelly.*) Voulez-vous prendre quelque chose ? Je ne suis pas riche ; mais je puis vous offrir un gobelet d'ale et un morceau de pain. (*Elle ouvre une armoire et place sur la table une cruche, un gobelet et un pain.*)

NELLY, *émue.*

Je vous remercie, j'ai n'ai besoin de rien.

DICK

Alors vous devez avoir soif ; il faut boire. Mère, je t'en en prie, verse. (*Ann remplit le gobelet que Dick présente à Nelly.*)

NELLY, *à Dick.*

Cher petit, vous êtes si gentil que je suis forcée d'accepter. (*Elle boit.*) Quel âge avez-vous donc ?

DICK

Bientôt sept ans.

NELLY

Tenez, pour vous récompenser de votre bonté et de votre charité, prenez ceci. (*Elle tire de sa poche une pièce d'or.*)

DICK, *reculant.*

Oh !... Vous n'êtes donc pas une mendiante ?

NELLY, *souriant.*

Pas tout à fait, quoique je ne sois pas riche. Mais le bon Dieu ne m'a jamais laissé manquer de rien.

ANN, *à part.*

Je ne sais pourquoi je me défie de cette femme.

DICK, *hésitant et se tournant vers sa mère.*

Mère, permets-moi?...

ANN

Mais...

NELLY, *à Ann.*

Vous pouvez le lui permettre sans crainte, je vous l'affirme, charitable femme... Ce serait une si douce joie pour moi que de faire un petit présent à cet aimable enfant !

ANN, *à part.*

Après tout, sa figure est plutôt sympathique. (*Haut à Dick.*) Prends, je veux bien y consentir.

DICK, *après avoir pris la pièce.*

Oh ! merci. (*Il saute de joie.*) C'est beau, l'or. (*Il se retire dans un coin et joue avec la pièce.*)

NELLY

Je me sens un peu reposée, et je vais pouvoir reprendre ma route. Toutefois, je voudrais vous demander quelques renseignements.

ANN

Sur le chemin que vous devez suivre pour aller... Où donc allez-vous?

NELLY

A Exeter. Mais il ne s'agit pas de cela...

DICK, *d'une voix faible.*

Mère, je voudrais dormir

NELLY, *à part.*

Comme cela se trouve bien !

ANN

Il tombe de sommeil. (*A Dick.*) Viens, mon mignon ; je vais te mettre sur ton lit. (*Elle le couche et revient vers Nelly.*)

NELLY

A présent, causons sérieusement. Vous donnez l'hospitalité, n'est-il pas vrai, à une inconnue qui s'est présentée avant-hier soir chez vous ?

ANN, *tressaillant.*

Quelle inconnue ? Que voulez-vous dire ?

NELLY

Ne vous troublez pas, je vous en prie. Je sais qu'une femme d'un âge moyen, vêtue en paysanne, vous a demandé asile.

ANN

Comment êtes-vous si bien informée ? Qui donc êtes-vous ?

NELLY, *résolument.*

Je suis envoyée ici par une amie de la reine : mademoiselle Mary de Claremont.

ANN

Mademoiselle Mary de Claremont ! l'ange du château ! Dites-vous vrai ?

NELLY

Je vous en donne ma parole. Je sais tout. Je sais que votre hôtesse n'est autre que la reine Henriette. En ce moment, ses ennemis sont à sa poursuite ; elle est perdue, si je ne la vois et ne lui parle à l'instant.

ANN, *hésitant.*

Mon Dieu, mon Dieu, que dois-je faire ? Venez-moi en

aide et inspirez-moi... (*Après un instant de réflexion.*) Je me rends à vos prières. Mais entendez-le bien : si vous trahissez ma reine ; si, au lieu de la sauver, vous travaillez à sa perte, ah ! soyez mille fois maudite, et malheur sur vous !

NELLY

Encore une fois, ne craignez rien. (*Ann sort par la porte de gauche.*)

SCÈNE III

NELLY, *seule.*

Mon plan est bien conçu, bien arrêté. Dieu qui me l'a inspiré m'aidera sans doute à l'exécuter... Sauver la reine ! Quel honneur pour une pauvre fille comme moi !... Pourtant je tremble en pensant que dans quelques instants je vais me trouver en présence de cette infortunée princesse, que naguère tout le monde admirait et enviait... Ne vais-je pas me troubler ?... Non, non, armons-nous de force ; il faut la convaincre, la persuader... (*Joignant les mains.*) Seigneur, vous qui êtes tout-puissant, venez à mon secours et bénissez votre servante !... (*La porte s'ouvre et la reine Henriette s'avance gravement.*)

SCÈNE IV

HENRIETTE DE FRANCE, NELLY

HENRIETTE, *sans voir Nelly, Dick sommeillant.*

To be or not to be..... Être ou ne pas être..... Ces pa-

roles du grand poète me frappèrent jadis quand elles me
tombèrent sous les yeux... A cette heure, elles me han-
tent, elles m'obsèdent ; je les entends sans cesse réson-
ner à mes oreilles... Ah ! tomber de si haut ! Voir les
nuages s'accumuler au-dessus de sa tête et la foudre
éclater soudain en une tempête que rien ne peut apaiser !... Rien ?... Si, la puissance de Dieu est toujours la
même... Ce Dieu si bon jettera-t-il un regard de pitié sur
moi ?... Seule, abandonnée de tous, que devenir ?

DICK, *rêvant.*

C'est beau, l'or.

HENRIETTE, *en sursaut.*

Ciel ! n'ai-je pas entendu une voix d'enfant ?... (*Se
dirigeant vers la couchette où Dick repose.*) C'est le fils du
pêcheur. Il dort et il rêve. (*Avec émotion.*) Oh ! mes pauvres enfants ! Pourquoi faut-il qu'au milieu de tant de
disgrâces, je sois encore séparée d'eux ?... Et ma petite
Henriette, fleur à peine éclose et déjà éloignée de sa
mère, quand la reverrai-je ? (*Déposant un baiser sur le
front de Dick endormi.*) Ce baiser... c'est pour elle... et
pour eux.....

NELLY, *à part.*

Je n'ose interrompre ce douloureux monologue.

HENRIETTE, *s'éloignant comme à regret du lit.*

Ah ! reine déchue, où sont-ils tes jours de prospérité ?...
Ils ont fondu comme la neige. Ainsi que la triste veuve
de Charles d'Orléans, je puis dire : « Rien ne m'est
plus. » Non, bannissons cette faiblesse ; il me reste un
époux, mes enfants. Pour eux, il faut vivre et lutter.
(*Apercevant Nelly inclinée profondément.*) Ah ! c'est vrai,

j'oubliais que j'étais attendue. (*A Nelly.*) Vous désirez me parler, ma brave femme?

NELLY

Oui, reine; je suis envoyée vers vous par une amie dévouée.

HENRIETTE

Une amie dévouée! Hélas! j'avais des amis aux jours de ma splendeur ; l'adversité les a éloignés; plusieurs ont fait cause commune avec les adversaires de leur souverain... Partout c'est l'abandon, la trahison... Vous donc qui avez découvert le secret de ma retraite, oh! dites-moi bien vite le nom de celle qui m'est restée fidèle.

NELLY, *s'inclinant de nouveau.*

Si Votre Majesté veut prendre la peine de lire ceci, (*Elle tire un billet de ses vêtements et le présente à la reine.*) elle sera fixée sans doute à cet égard. Je suis en outre chargée de remettre à la reine ce bijou. (*Elle remet une bague à la reine.*)

HENRIETTE, *prenant les objets et examinant la bague.*

Ce bijou, où l'ai-je vu?... (*Elle réfléchit.*) Ciel! n'est-ce pas la bague que je donnai jadis à ma filleule Mary de Claremont, dont le père a si noblement servi notre cause? (*Elle lit rapidement le billet.*) Chère Mary! Le billet est court; mais il est significatif. Ma filleule me prévient du danger qui me menace et me dit que je puis me fier pleinement à vous.

NELLY

Oh! oui, madame, pleinement.

HENRIETTE

Alors, que dois-je faire?

NELLY

Puisque Votre Majesté me fait l'honneur de me consulter, voici quelle est mon opinion : dans deux heures, peut-être avant, les envoyés de lord Howard vont venir cerner cette chaumière. Il ne faut pas qu'ils y trouvent la reine d'Angleterre.

HENRIETTE

Mais où aller? Ne savez-vous pas que j'attends l'arrivée d'un bateau qui doit me débarquer en France?

NELLY

Je le sais, madame ; je sais aussi qu'à deux pas de la côte, à l'entrée d'un petit bois, est une hutte de charbonniers où Votre Majesté sera plus en sûreté qu'ici en attendant le moment favorable pour prendre la mer.

HENRIETTE

Mais ceux qui sont à ma poursuite, et qui croient me trouver dans cet asile, ne vont-ils pas être désappointés? Ils sont capables de continuer leurs recherches et de m'atteindre avant que j'aie pu gagner cette retraite.

NELLY

J'ai prévu cela. Que Votre Majesté n'ait aucune crainte : l'essentiel est de tromper ses ennemis. Pour arriver à ce but, il faut me laisser faire. Pendant que Votre Majesté s'enfuira vers son nouveau refuge, je resterai sous ce toit et tiendrai tête à l'orage.

HENRIETTE, *hésitant.*

Je comprends votre intention, excellente créature ; mais je ne veux pas accepter votre dévouement, car si vous en étiez victime, je me le reprocherais toute ma vie.

NELLY, *se jetant aux genoux de la reine.*

Je vous en conjure, ô madame, n'hésitez pas à suivre

le conseil que la plus humble de vos sujettes se permet
de vous donner. Sortie des rangs du peuple, que puis-je
craindre des farouches émissaires de lord Howard ? La
reine d'Angleterre se doit au roi, à ses augustes enfants...
Le temps presse, madame, croyez-moi. Déjà, à cette
heure, vos ennemis sont en route. Dans un quart d'heure
peut-être ils arriveront. Au nom du ciel, fuyez.

HENRIETTE

Vous avez évoqué le souvenir de ceux qui me sont
plus chers que la vie. C'est plus qu'il n'en fallait
pour me décider. Mais avant de quitter ce lieu qui abrita
pour quelques heures la fille de Henri le Grand, recevez,
pauvre femme, les remerciements d'une reine proscrite,
qui prie Dieu d'acquitter envers vous sa dette de
reconnaissance... Et quand vous reverrez Mary de Claremont, dites-lui que son infortunée marraine lui garde
toujours une place dans son cœur.

NELLY, émue.

Je n'y manquerai pas, madame. (La reine sort.)

SCÈNE V

NELLY, puis ANN

NELLY

Le plus difficile est fait : il s'agissait de décider la
reine. Le reste est entre les mains du Très-Haut. (Ann
entre dans la pièce.)

ANN

Grand Dieu ! Comment cela va-t-il finir ?

NELLY

Ne nous décourageons pas. La Providence n'abandonne

jamais les affligés qui se confient en elle. Elle protégera notre chère reine dans sa fuite, et la fera aborder heureusement sur sa terre natale.

ANN

Puisse-t-il en être ainsi !

NELLY

A présent, Ann, je me suis chargée d'un rôle qu'il va falloir me laisser exécuter de point en point. Surtout ne témoignez aucun étonnement, quelque étrange que vous semble mon attitude en présence de la duchesse de Milford, qui va probablement nous honorer de sa visite.

ANN

Je vous le promets ; mais, juste ciel ! je me passerais volontiers de voir cette châtelaine de malheur franchir le seuil de mon humble cabane.

NELLY

Écoutez encore : pour vous, comme pour elle, la personne qui est venue avant-hier vous demander un abri, et moi, ne faisons qu'un.

ANN

J'ai compris.

NELLY

En ce cas, restez ici jusqu'à son arrivée. Moi je passe dans la chambre voisine ; j'en sortirai quand le moment sera venu. (*Elle sort.*)

SCÈNE VI

ANN

La reine est partie. Pourvu qu'elle ait le temps de gagner le bois ! (*Elle s'approche de la fenêtre qu'elle entr'ouvre.)* Dieu soit loué! le temps se remet. Au moins cette pauvre princesse aura un rayon de soleil pour protéger sa fuite. *(Se reculant avec un mouvement de frayeur.)* Seigneur Jésus! que vois-je? Deux personnes qui s'avancent. J'en reconnais une : c'est la duchesse de Milford. Elle parle et gesticule comme une possédée... Elle montre la chaumière... Elle se dirige de ce côté. Vite, fermons la fenêtre. *(Elle ferme; un instant après on entend un coup violent retentir à la porte.)* Il n'y a pas, il faut ouvrir. *(Elle ouvre la porte.)*

SCÈNE VII

ANN, LA DUCHESSE DE MILFORD, LADY HOWARD, *entrant brusquement.*

LA DUCHESSE, *d'une voix courroucée.*

C'est vous qui vous appelez Ann Amstrong et qui avez reçu chez vous une étrangère? Savez-vous qui elle est, d'où elle arrive ? Allons, répondez vite et bien.

ANN, *avançant des escabeaux.*

Asseyez-vous d'abord, nobles dames... Oui, quoique bien malheureuse, j'ai donné l'hospitalité à une pauvre femme qui venait de loin et qui n'avait pas...

LADY HOWARD, *avec impatience.*

Ce n'est pas répondre à la question. On vous demande qui est cette femme.

ANN, *d'un air étonné.*

Je n'en sais rien, nobles dames, je n'ai pas songé à lui demander son nom. *(La duchesse et lady Howard échangent un regard de surprise.)*

LA DUCHESSE, *d'un ton impérieux.*

Cette étrangère, je veux la voir.

ANN

C'est bien facile, milady. Elle est dans la pièce voisine. Je vais vous l'envoyer. (*Elle sort.*)

SCÈNE VIII

LA DUCHESSE, LADY HOWARD

LA DUCHESSE

Je suis un peu déconcertée, je l'avoue. Cette femme ne s'est pas troublée un instant. Ne vous aurait-on pas donné une fausse indication, milady?

LADY HOWARD, *un peu troublée.*

Non, non, duchesse, n'ayez point de telles idées.

LA DUCHESSE

Attendons la fin de l'aventure ; mais craignez ma colère si vous m'avez fait faire fausse route.

LADY HOWARD, *balbutiant.*

C'est impossible... Soyez tranquille, votre ennemie ne vous échappera pas.

LA DUCHESSE

C'est ce que nous allons voir. (*La porte s'ouvre et Nelly paraît, toujours appuyée sur son bâton ; sa démarche est chancelante ; elle a toute l'apparence d'une vieille femme.*)

SCÈNE IX

LES PRÉCÉDENTES, NELLY

NELLY, *avec force révérences.*

Salut, nobles dames. Vous voulez donc faire connaissance avec la vieille Rebecca? Quel honneur pour moi, jour de Dieu! Que désirez-vous de votre servante? Parlez, hautes et puissantes dames.

LA DUCHESSE, *agitée.*

Ah çà! qu'est-ce que cette mystification?

LADY HOWARD, *à part.*

Je tremble. Que va-t-il sortir de tout cela?

NELLY

Ainsi, vous n'avez pas craint de vous déranger pour me venir voir? Je suis vraiment flattée...

LA DUCHESSE, *avec impatience.*

Il ne s'agit pas de cela. Nous voulons savoir qui vous êtes, vieille sorcière.

NELLY, *s'inclinant.*

Tiens! vous avez deviné juste, milady; je suis sorcière, en effet. Je suis née dans les montagnes de la Haute-Écosse. Septante fois le soleil a fait le tour de la terre depuis que j'ai vu le jour.

LADY HOWARD

Pardon, pardon, bonne femme, c'est le contraire.

LA DUCHESSE, *à lady Howard.*

Laissez-la parler.

NELLY

Mon enfance s'est passée dans une grotte, au milieu
des forêts. J'ai grandi parmi les bêtes sauvages.

LA DUCHESSE, *à part.*

C'est singulier ; elle commence à m'intéresser, cette
espèce de folle.

LADY HOWARD, *à part.*

Je me sens mal à l'aise.

NELLY

La nuit, à la clarté des étoiles, je m'entretenais avec
les esprits des montagnes. Ils m'apprirent à connaître
les plantes nuisibles, à composer des philtres ; en un
mot, ils firent mon éducation.

LA DUCHESSE

Mais j'ai toujours entendu dire que les sorcières
allaient au sabbat. Fîtes-vous comme elles ?

NELLY

Comment donc ! Mais j'en étais la reine, du sabbat.

LA DUCHESSE

Et vous aviez sans doute pour sceptre un manche à
balai ?

NELLY

Un manche à balai !... oh ! non, madame. Mon sceptre
à moi était une baguette de coudrier douée de propriétés
magiques merveilleuses.

LA DUCHESSE

Vraiment ? Et lesquelles ?

NELLY

Cette baguette, suivant qu'on en dirigeait la pointe
vers l'orient ou vers l'occident, réalisait des prodiges
différents. Dans le premier cas, elle faisait retrouver les

choses perdues ; dans le second, elle avait le privilège d'amener la découverte de précieux trésors.

LADY HOWARD

Et cet incomparable talisman, vous l'avez sans doute conservé ?

NELLY

Hélas ! non, noble dame. Ma baguette me fut disputée un jour par une méchante rivale, sorcière comme moi, qui voulut me l'arracher de force. Comme je résistais, cette branche se cassa ; il ne m'en est resté qu'un tout petit morceau que j'ai gardé précieusement, car il possède, bien que très atténuées, les mêmes vertus.

LADY HOWARD

Consentiriez-vous à me le céder ?

NELLY

Cela dépend.

LA DUCHESSE, *à lady Howard.*

Quelle idée bizarre est la vôtre !

LADY HOWARD

Laissez-moi faire. (*A Nelly.*) Puisque vous m'affirmez qu'à l'aide du fragment de la baguette magique on retrouve les choses perdues, je n'hésite pas à vous offrir en échange cette bourse qui est remplie de pièces d'or. (*Elle tire de sa poche une bourse et la tend à Nelly.*)

LA DUCHESSE, *à part, en haussant les épaules.*

C'est de la folie.

NELLY, *prenant la bourse.*

A ce prix, j'accepte le marché. Voici le bout de ma baguette merveilleuse. (*Elle présente à lady Howard un tronçon de bois*)

LA DUCHESSE, *à Nelly.*

Il me semble que vous vous défaites bien facilement de ce talisman précieux. A votre place, je ne l'eusse pas échangé pour une couronne.

NELLY

Et vous auriez eu raison, milady. Mais, voyez-vous, je subis à cette heure l'influence de la fatalité. Il a été écrit au livre du destin que je ne devrais livrer ma baguette qu'une fois parvenue à une vieillesse avancée. La prophétie ajoute qu'à cette époque de grands événements se produiront en Angleterre. Les temps sont arrivés ; ma mission est finie. Il ne me reste plus qu'à vous souhaiter, milady, (*Se tournant vers lady Howard.*) toutes sortes de prospérités, (*A la duchesse.*) ainsi qu'à vous, madame.

LA DUCHESSE, *à part, avec ironie.*

Voilà une sorcière bien aimable. Cela n'empêche pas que j'aie été indignement trompée. (*Bas, à lady Howard.*) Vous voyez le beau résultat de votre espionnage.

LADY HOWARD, *embarrassée.*

Chère duchesse, je vous assure que je ne comprends rien à tout ceci.

LA DUCHESSE, *pâle, les dents serrées.*

Me faire entrevoir un succès et me mener à une défaite ! C'est indigne, lady Howard ! Est-ce là ce que j'attendais de votre amitié ?

LADY HOWARD, *de plus en plus déconcertée.*

Duchesse, ne m'accablez pas, je vous en supplie. Demain, mon époux mettra ses plus fins limiers en campagne, et cette fois, je vous le promets, nous serons plus heureux.

LA DUCHESSE, *avec humeur.*

Assez. Sortons de cette maudite chaumière. (*Elles sortent.*)

NELLY, *quand la porte s'est refermée.*

Accourez, Ann, il n'y a plus personne. (*Ann entre.*)

SCÈNE X

NELLY, ANN

ANN, *regardant autour d'elle.*

Ces dames sont donc parties?

NELLY

Oui, oui, bien parties, et je crois qu'elles n'auront pas envie de revenir.

ANN

Que leur avez-vous donc fait?

NELLY

Moi? Rien autre chose que de leur débiter des sornettes que lady Howard a écoutées avec une crédulité vraiment digne d'éloges.

ANN

Et mon Dick, il ne s'est pas réveillé?

NELLY

Il n'a même pas remué. Je ne crois pas que nos visiteuses se soient aperçues de sa présence.

ANN

Ah! tant mieux. Mais la reine?...

NELLY

L'auguste fugitive a sans doute eu le temps de gagner

son refuge. J'ai retenu ses ennemies le plus longtemps qu'il m'a été possible.

ANN

Il est peu probable qu'on ait l'idée de la poursuivre jusque dans les bois.

NELLY

Puis, la déception que ces dames ont éprouvée ici doit les avoir fortement découragées.

ANN

Assurément.

NELLY

Grâces soient rendues à Dieu qui a permis que tout finît bien... Mais j'ai une dette de reconnaissance à acquitter envers vous, bonne Ann. Avant de me remettre en route, laissez-moi vous faire un présent... (*Elle montre la bourse qu'elle avait déposée sur la table.*)

ANN

Qu'est-ce que cela ?

NELLY

C'est le prix de la petite comédie que j'ai jouée à ces dames. Je n'ai accepté cette bourse qu'avec l'intention de vous l'offrir. Gardez-la donc ; l'or qu'elle contient apportera quelques adoucissements dans votre pénible existence.

ANN

Mais vous ?

NELLY, *souriant.*

Moi, je n'en ai pas besoin. (*S'approchant de la fenêtre.*) Voyons si je puis me remettre en chemin sans danger. (*Jetant un cri.*) Dieu ! que vois-je ? Un bateau qui se montre à l'horizon.

ANN

Un bateau ?

NELLY, *joyeuse*.

Oui, c'est celui qui doit emmener la princesse Henriette en France. Seigneur ! vous avez exaucé mes prières ;
ma reine est sauvée...

ACTE TROISIÈME

APRÈS L'ORAGE

Un pavillon isolé dans la forêt de Saint-Germain.

SCÈNE PREMIÈRE

LOUISE D'ESCLIMONT, MARGUERITE DE LANSAC, *en costumes de chasse, robes de velours très longues, feutres à plumes.*

LOUISE D'ESCLIMONT

Reposons-nous un peu, Marguerite.

MARGUERITE

Volontiers. J'aime à suivre une chasse à courre ; mais combien je préfère un beau bal ! La danse est mon plaisir favori.

LOUISE

Alors, réjouissez-vous, ma chère. S'il faut en croire ce qui se dit, le Louvre et la ville vont voir des merveilles.

MARGUERITE

Qu'est-ce à dire ?

LOUISE

Le jeune roi a l'esprit rempli de projets magnifiques et d'idées nouvelles. Ah! sa cour ne ressemblera pas à celle de feu le roi Louis XIII, si sévère, si morose, ai-je entendu dire à ma mère, qu'on y dépérissait d'ennui.

MARGUERITE

Le fait est que Louis XIV a grand air.

LOUISE

D'après M. de Mazarin, il y a en lui de l'étoffe pour faire quatre rois, et mon grand-père le maréchal, qui s'y connaît, prétend qu'il ira loin.

MARGUERITE

Tant mieux. La Fronde n'était pas amusante non plus avec ses barricades et ses duels; il n'est pas trop tôt que la France respire. — (*Changeant de ton.*) Comment trouvez-vous la chasse?

LOUISE

Pas mal. Les demoiselles Mancini sont très en beauté, surtout Marie.

MARGUERITE

Les nièces de monsieur le Cardinal ont un succès extraordinaire. A les voir si adulées, si fêtées, on dirait plutôt des princesses du sang.

LOUISE

Oui, elles éclipsent singulièrement la pauvre petite princesse d'outre-mer.

MARGUERITE

La princesse d'outre-mer?... De qui voulez-vous parler?

LOUISE, *riant.*

Comment! vous ne comprenez pas? C'est la princesse Henriette que j'ai surnommée ainsi.

MARGUERITE

Quoi ! La fille du roi Charles Ier et de la reine Henriette-Marie ?

LOUISE

Elle. N'êtes-vous pas d'avis qu'elle fait une bien triste figure, avec sa maigreur et son air mélancolique ?

MARGUERITE

C'est vrai, et pourtant je lui trouve un charme étrange. Sa physionomie est vive et spirituelle ; ses yeux noirs ont beaucoup d'éclat et d'expression.

LOUISE

Si j'étais à sa place, je ne prendrais pas volontiers mon parti de me voir reléguée au second plan parmi les personnages de la cour.

MARGUERITE

La reine, sa mère, est pourtant bien traitée par sa belle-sœur Anne, qui lui témoigne les plus grands égards.

LOUISE

Je ne dis pas non ; mais il y a des moments où la pauvre princesse subit plus d'une vexation. Vous n'ignorez pas dans quelles circonstances elle vint en France ?

MARGUERITE

Non : c'était à l'époque de la révolution d'Angleterre. Charles Stuart était en lutte contre le Parlement et Cromwell. La reine, obligée d'abandonner ses enfants, en particulier la petite Henriette, qui n'avait que quelques jours, parvint à s'enfuir. Grâce au concours d'amis dévoués, elle gagna le port de Falsmouth, où elle trouva un bateau qui, après une traversée mouvementée, la débarqua sur les côtes de la Bretagne.

LOUISE

Vos détails sont rigoureusement exacts, ma chère Marguerite.

MARGUERITE

Ces événements intéressèrent tous ceux qui avaient encore présent à la mémoire le souvenir du bon roi Henri. Les vieillards ne pouvaient revoir sans attendrissement la fille du Béarnais ; et, lorsqu'on apprit plus tard la fin tragique de Charles Ier, on plaignit sincèrement sa veuve.

LOUISE

Cela n'empêcha pas madame Henriette d'être mortifiée en mainte circonstance, comme je vous le disais tout à l'heure. D'abord, pendant longtemps, on la laissa dans un dénuement tel, que la petite princesse d'outre-mer...

MARGUERITE, *riant*.

Vous y tenez.

LOUISE

Que voulez-vous? J'en ai pris l'habitude... Que la petite princesse d'outre-mer, vous dis-je, fut plus d'une fois obligée de garder le lit en hiver, ne pouvant se lever faute de feu.

MARGUERITE

Vous exagérez.

LOUISE

Nullement. Le fait a été rapporté par monsieur le cardinal de Retz, qui fut témoin de cette détresse royale et eut la charitable audace d'y mettre un terme en dénonçant à messieurs du parlément.

MARGUERITE

C'est un peu fort.

LOUISE

Ce n'est qu'authentique. Depuis cette époque, la situation des deux princesses s'est améliorée; mais, qu'il y a loin de là à les voir honorées comme elles devraient l'être!

MARGUERITE

Pourtant...

LOUISE

N'avez-vous pas été témoin comme moi l'autre jour de l'incident qui se produisit au Louvre, lorsque Sa Majesté le roi invita madame de Mercœur à ouvrir le bal au lieu de faire cet honneur à sa cousine? La reine Anne en rougit et en témoigna tout bas son mécontentement à son fils. Celui-ci répondit dédaigneusement « qu'il n'aimait pas à faire danser les petites filles ».

MARGUERITE, éclatant de rire.

Ah! ah! ah!... Cependant, si j'ai bonne mémoire, le roi dansa tout de même avec madame Henriette.

LOUISE

Oui, quoique sa mère eût déclaré que la princesse, ayant mal aux pieds, ne danserait pas. Toutefois elle céda, afin, sans doute, d'éviter un scandale, et c'est ainsi que se termina l'aventure.

MARGUERITE

Comment faites-vous pour être si bien informée? (A ce moment, on entend un léger bruit.) Qu'est-ce que cela? On dirait un bruit de pas. (Elle et Louise regardent par une petite fenêtre.)

LOUISE

Je vois deux personnes s'avancer. Il me semble que je les reconnais.

MARGUERITE

C'est mademoiselle Mary de Claremont, la filleule de la reine Henriette.

LOUISE

Et son amie mademoiselle Taylor, la précieuse.

MARGUERITE

Elle !

LOUISE

Oui, c'est une des fidèles habituées de l'hôtel de Rambouillet.

MARGUERITE

On dirait qu'elles viennent de ce côté.

LOUISE

En effet. Sortons. Elles paraissent préoccupées. Notre présence pourrait les gêner. (*Elles sortent.*)

SCÈNE II

MARY, LUCY TAYLOR

MARY

La princesse n'est pas encore arrivée ?

LUCY

Nous sommes les premières au rendez-vous ; cela va bien. Savez-vous, Mary, pour quel motif madame Henriette nous a priées de l'attendre ici?

MARY

Je l'ignore absolument. Mais notre curiosité ne tardera

certainement pas à être satisfaite ; la princesse est toujours fidèle à sa parole.

LUCY

La présence de la reine d'Angleterre à la chasse m'a surprise. Elle qui évite autant que possible les fêtes et les réunions, comment s'est-elle décidée à suivre la cour en équipage ?

MARY

C'est sans doute pour faire plaisir à sa fille. La jeune princesse, qui a eu une enfance si triste, a besoin de distractions.

LUCY

Assurément. Et vous-même, ma chère Mary, n'avez-vous pas fait un effort pour vous arracher à votre solitude ?

MARY

Je l'avoue ; les plaisirs du monde, vous le savez, ne m'ont jamais attirée. Mon bonheur est de rester auprès de ma reine, de recevoir ses confidences, de l'accompagner quelquefois chez ses chères Carmélites de Chaillot.

LUCY

Comme le temps passe ! Quand je pense que près de quinze années se sont écoulées depuis cette soirée où je vous rencontrai pour la première fois chez la duchesse de Milford, votre tante.

MARY

Nous étions de toutes jeunes filles, alors.

LUCY

C'est vrai ; et pourtant je ne regrette pas trop ce temps-là. Mes vœux ont été accomplis : me voilà fixée en France, et j'espère que ce sera pour longtemps. Mais vous ?...

MARY

Moi, j'attends que la volonté de Dieu décide du sort de mon auguste marraine. Vous savez, Lucy, à la suite de quels événements je suis à Paris ?

LUCY

Oui, vous veniez de perdre l'unique parente qui vous restait.

MARY

Cette mort, survenue quelque temps après l'exécution de l'infortuné roi Charles Ier, à Withe-Hall, me laissait seule en Angleterre. Le séjour dans ce pays, rempli pour moi de souvenirs pénibles, m'était devenu odieux. Une occasion me fut offerte de rejoindre ma reine bien-aimée. Lady Morton, à qui elle avait confié en partant sa petite Henriette en bas âge, se préparait à la lui ramener. Après quelques difficultés, je parvins à la rejoindre à Douvres, où nous nous embarquâmes ensemble.

LUCY

Pensez-vous que la situation de madame Henriette change bientôt ?

MARY

C'est le secret de Dieu. Pour moi, qui connais les intimes désirs de ma royale protectrice, je prie tous les jours le Seigneur de ramener la paix dans mon pays et de restaurer le trône des Stuarts.

LUCY

Ce serait un beau jour pour vous, Mary : la reine vous aime tant ! Et si ses vœux s'accomplissent, il n'est pas douteux qu'elle ne récompense magnifiquement ceux qui l'ont servie.

MARY

Oui ; mais, pour ma part, cela me laisse indifférente.
Mes ambitions s'élèvent au-dessus des choses de la terre.

LUCY

Que je vous envie d'être aussi désintéressée ! Que de-
viendrez-vous donc si la reine retourne en Angleterre?...

MARY, *souriant.*

J'ai mes projets.

LUCY, *curieuse.*

Les connaîtra-t-on bientôt ?

MARY, *de même.*

Cela dépendra des événements. (*Bruit de pas.*) Mais on
vient.

SCÈNE III

LES PRÉCÉDENTES, HENRIETTE, *reine d'Angleterre,*
HENRIETTE D'ANGLETERRE, *sa fille.*

HENRIETTE D'ANGLETERRE, *à Mary et à Lucy qui
s'inclinent profondément.*

Bonjour, mes chères amies. Allons, je vois que vous
êtes exactes au rendez-vous ; c'est très bien.

LA REINE

Quelle radieuse journée ! On dirait que le ciel est en
fête. Est-ce la vue de cette nature enchanteresse, de cette
forêt profonde qui me produit un tel effet ? Mais il y a
longtemps que je n'avais ressenti pareille impression
dans mon âme... Et pourtant ce n'est pas de la joie, car
je ne saurais oublier le passé.

HENRIETTE

Ma bonne mère, Dieu vous a éprouvée, mais non abandonnée.

LA REINE

Certes, car il t'a rendue à ma tendresse, ô mon Henriette bien-aimée, toi, l'enfant de ma douleur. Il m'a
donné des fils tendres et respectueux.

HENRIETTE

Surtoùt mon frère Charles.

LA REINE, *avec attendrissement.*

Que fait-il, mon pauvre Charles? Quand le reverrai-je?

HENRIETTE

Espérez, ô ma mère! Dieu est grand.

LA REINE

Il faudrait un miracle pour qu'il recouvrât ses droits.
Le Seigneur le fera-t-il pour le fils des Stuarts?

HENRIETTE

Il a bien sauvé jadis son peuple des ennemis qui
l'avaient opprim é. Sa puissance n'a pas diminué.

LA REINE

Tu as raison, ma chère enfant. (*A Mary et à Lucy qui
s'étaient tenues à l'écart.*) Approchez-vous, mesdemoiselles; vous savez que je suis toujours heureuse de vous
voir. Vous me rappelez l'Angleterre, cette seconde patrie
où, au milieu des soucis de la royauté, je goûtai seize
années entières du vrai bonheur... Avez-vous prié pour
moi ce matin, Mary?

MARY

C'est un devoir auquel je me suis promis de ne jamais
manquer, madame.

LA REINE

Cela ne m'étonne point de vous. Peut-être est-ce à vos prières que je dois cet intime sentiment de paix que je n'avais pas ressenti depuis mes malheurs.

HENRIETTE, *à part.*

Allons, tout se prépare comme je le voulais. (*Haut, à la reine.*) Ma mère, il faut vous laisser aller à cette joie ; si vous saviez comme j'ai souffert de vous voir si longtemps triste et préoccupée !

LA REINE, *à part.*

Pauvre enfant ! elle ne se doute pas que plus d'une fois dans mes rêves j'ai eu la vision de l'horrible drame de Withe-Hall : la hache du bourreau régicide, l'appareil sinistre, le coup fatal... il me semble assister à toute cette scène.

MARY, *à Henriette.*

On dirait que la reine retombe dans sa mélancolie. Voyez, princesse, elle semble livrée à je ne sais quelle douloureuse méditation.

HENRIETTE, *prenant la main de la reine et la portant à ses lèvres.*

Ma mère, ma mère, écoutez-moi, je vous en prie. En vous proposant de venir dans ce pavillon abandonné sous prétexte de nous reposer un peu, j'avais un autre but.

LA REINE

Un autre but? Lequel donc?

HENRIETTE

Celui de vous faire une sérieuse communication.

LA REINE

Tes paroles me surprennent fort, mon cher cœur.

MARY, *après avoir fait un signe à Lucy.*

Désirez-vous, madame, que nous nous retirions?

HENRIETTE, *à la reine.*

Je vous en supplie, ma mère; permettez à ces parfaites amies de demeurer ici. Si vous ne vous y opposez pas, je tiens beaucoup à ce qu'elles assistent à cet entretien.

LA REINE

Je n'ai pas de raison pour m'y opposer.

HENRIETTE

Merci, madame. (*A Mary et à Lucy.*) Restez donc, je vous prie.

LA REINE

A présent, parle, mon enfant.

HENRIETTE

Pardonnez-moi de remuer encore ce passé douloureux; mais j'y suis en quelque sorte forcée. Vous m'avez mainte fois fait le récit des événements qui suivirent ma naissance, lorsque vous dûtes quitter l'Angleterre.

LA REINE

Oui, je voulais te faire voir, ma fille, que dans son malheur ta mère trouva des amis dévoués.

HENRIETTE

Vous rappelez-vous, ma bonne mère, les noms de ces fidèles sujets?

LA REINE

C'est, en premier lieu, (*Se tournant vers Mary.*) celui de mademoiselle de Claremont, ma chère filleule; puis encore celui de l'excellente lady Morton... (*Cherchant dans ses souvenirs.*) Attends, je me souviens aussi d'un nom plus obscur... Ah! je sais : la femme du pêcheur; elle s'appelait Ann, je crois.

HENRIETTE

Est-ce bien tout ?

LA REINE

Je crois.

HENRIETTE

Non, ce n'est pas tout ; il y en a un que vous oubliez.

LA REINE

Lequel ?

HENRIETTE

Celui de Rebecca la sorcière. Mary de Claremont m'a fait connaître le rôle qu'elle joua dans l'épisode de votre fuite.

LA REINE

C'est vrai. Ce fut elle qui, par son intelligence et son adresse, contribua à donner le change à mes ennemis. (*A Mary.*) Savez-vous ce qu'elle est devenue, Mary ?

MARY

Hélas ! non, madame. Après le départ de Votre Majesté, j'avais réussi à faire entrer Nelly Murray comme lingère au château de la duchesse de Milford. Ma tante savait qu'elle m'était attachée, et elle ne se douta jamais de la petite comédie qui eut pour théâtre la cabane du pêcheur. Malheureusement, un jour, une servante qui était jalouse de Nelly la calomnia auprès de sa maîtresse. En vain j'essayai de la défendre, ou plutôt de démontrer l'absurdité de ces rapports ; ma tante ne voulut rien écouter, et ma pauvre protégée fut obligée de s'enfuir. Depuis, je me suis informée d'elle, mais sans succès.

HENRIETTE

Le Seigneur ne l'a pas abandonnée ; elle a trouvé une protectrice dans la duchesse d'Hamilton.

LA REINE

La duchesse d'Hamilton ! la femme d'un de nos plus
zélés partisans. Comment as-tu appris cela, Henriette ?

HENRIETTE

Ma mère, à cette heure, je ne dois plus rien vous cacher. Sachez donc que lady Hamilton est ici avec Nelly
Murray.

MARY, *à Lucy.*

Est-il possible !

LUCY

Il y a dans tout ceci un mystère qu'il me tarde de voir
éclaircir.

LA REINE

Lady Hamilton en France ! Quel est le motif qui l'y a
amenée ?

HENRIETTE

Elle est chargée d'une mission, madame. Elle vous ap-
porte des nouvelles de mon frère.

LA REINE, *tressaillant.*

Oh ! qu'elle soit deux fois la bienvenue, si elle vient de
la part de mon fils Charles. (*Avec crainte.*) Pourtant, si
ces nouvelles étaient mauvaises... Non, je vois à ton
sourire, mon Henriette, qu'il n'en est point ainsi. (*Se
levant.*) Parle alors, ou plutôt allons trouver lady Hamilton. Que n'est-elle venue jusqu'ici ? J'ai hâte de la voir.

HENRIETTE

Votre désir va être exaucé à l'instant, ma bonne mère.
La duchesse et sa protégée sont dans la pièce voisine et
attendent le bon plaisir de Votre Majesté.

LA REINE, *avec impatience.*

Qu'elles entrent... (*A part.*) Oh ! que vais-je apprendre ?

Je brûle d'impatience. (*Henriette va ouvrir une porte au fond.*)

HENRIETTE

Entrez; la reine ma mère est prête à vous recevoir.

SCÈNE IV

LES PRÉCÉDENTES, LADY HAMILTON, NELLY

HENRIETTE

Madame, voici lady Hamilton qui sollicite la faveur de vous adresser ses hommages.

LA REINE, *à lady Hamilton.*

Avancez, chère lady. Je n'ai point oublié que lord Hamilton nous donna les plus grandes preuves de dévouement. Je suis heureuse de vous revoir. (*Elle lui donne sa main à baiser.*)

LADY HAMILTON, *s'inclinant.*

Grande reine, béni soit le ciel qui m'a chargée d'une mission aussi flatteuse pour moi que consolante pour Votre Majesté...

LA REINE

Parlez sans crainte, milady! je vous écoute avec la plus grande attention.

LADY HAMILTON

Madame, de grands changements se produisent en Angleterre. Le fils du Protecteur vient d'abdiquer.

LA REINE

Quoi, Richard Cromwell?

LADY HAMILTON

Lui-même. La nation, lasse de tant d'années de

troubles, semble désirer ardemment le retour de l'héritier des Stuarts.

MARY, *à part.*

Serait-il vrai ?

LADY HAMILTON

Enfin, madame, je crois que l'heure de Dieu a sonné. Monk, naguère l'ennemi acharné de son roi, commence à comprendre qu'il est temps de rendre la paix au royaume en rétablissant sur le trône l'héritier de Charles Ier.

LA REINE

Oh ! les mouvements du général Monk sont bien sujets à caution. Est-il prudent de se fier à ses prétendues bonnes dispositions à l'égard de mon fils ?

LADY HAMILTON

Au nom de notre cher prince, qui sera sous peu Charles II, je suis chargée d'annoncer à Votre Majesté que non seulement nous avons tout lieu de compter désormais sur la fidélité du général Monk, mais encore que des négociations sont entamées en vue de réconcilier la nation anglaise avec son souverain légitime.

LA REINE, *très émue.*

Vous avez donc vu mon fils ?

LADY HAMILTON

Lord Hamilton et moi nous trouvions à La Haye avec le prince en attendant les événements. Voyant l'abdication de Richard Cromwell et le revirement qui se produit en sa faveur, l'illustre héritier des Stuarts s'est décidé à quitter la Hollande pour se rendre en Angleterre ; mais, avant de s'embarquer, il m'a suppliée de porter ces bonnes nouvelles à Votre Majesté.

4

LA REINE, *se tournant vers Henriette et les autres personnages.*

Mon cœur déborde de joie. Jetons-nous à genoux, pour remercier le Ciel de ce résultat que je n'osais espérer. (*Elle s'absorbe dans une muette prière.*)

HENRIETTE, *à Mary, à mi-voix.*

Regardez comme le bonheur transfigure déjà ma pauvre mère!

MARY, *de même, à Henriette.*

Son bonheur fait le nôtre, princesse, et, comme notre chère reine, je fais monter vers le Seigneur mes élans de reconnaissance et d'amour.

LA REINE

Relevez-vous maintenant, mesdames. (*A lady Hamilton.*) Chère lady, vous qui êtes pour mon Henriette et pour moi la messagère du triomphe, soyez bénie. Je vous dois le premier rayon d'espoir qui éclaire mon âme depuis le jour où je suis arrivée en France... Mais, (*Désignant Nelly qui se tient un peu à l'écart.*) je crois que vous avez amené avec vous une compatriote. Pourquoi ne me la présentez-vous pas ?

LADY HAMILTON

J'allais vous le demander, madame. (*A Nelly.*) Approchez, Nelly; la reine désire vous voir.

NELLY, *se jetant aux pieds de la reine.*

Ah! madame, quel honneur pour moi! Ce jour est un des plus heureux de ma vie.

LA REINE

Je sais votre histoire, mon enfant. Lorsque je vous vis pour la première fois dans la cabane du pêcheur, sous les traits de Rebecca la sorcière, j'ignorais votre véritable nom ; mais pourtant, depuis cette époque, j'ai pensé à ceux qui se dévouèrent pour leur reine et j'ai prié Dieu de les récompenser, car, pauvre et proscrite, je ne pouvais rien faire pour eux, hélas !

NELLY

Il a écouté les prières de Votre Majesté ; il m'a fait la grâce de rencontrer sur ma route une protectrice pleine de bonté (*Montrant lady Hamilton.*) et de enfin revoir mon auguste souveraine, et (*Montrant Mary.*) cette incomparable amie à qui je dois tant.

LA REINE

Ah ! je comprends, vous devez avoir hâte de vous jeter dans ses bras. Venez, Mary, embrasser votre compagne d'enfance ; elle est digne de votre amitié. (*Mary et Nelly se précipitent dans les bras l'une de l'autre et causent entre elles.*)

HENRIETTE

Vous voyez, ma bonne mère, que j'avais bien raison quand je vous disais d'espérer.

LA REINE

Oui, chère Henriette ; mais, depuis si longtemps éprouvée par l'adversité, je doutais de l'avenir...

MARY, à *Nelly.*

Quelle joie de se revoir, après tant d'années d'absence ! Tu dois me trouver changée?

NELLY

Pas trop, je vous ai reconnue tout de suite.

MARY

Tu n'es jamais retournée dans la Cornouaille après notre séparation ?

NELLY

Pardon, j'y ai fait un voyage, il y a deux ans, avec lady Hamilton. J'ai même vu Ann, la femme du pêcheur. Son fils est devenu un bel adolescent qui exerce le même métier que son père.

LUCY, *s'approchant de Mary.*

Voilà le moment venu, je crois, de nous révéler les fameux projets dont vous m'entreteniez avant l'arrivée de la reine et de madame Henriette.

NELLY, *étonnée.*

Quels projets, chère demoiselle ?

MARY

Tu vas les connaître dans un instant, car je ne dois plus les cacher. Seulement, il faut t'armer de courage, ma pauvre Nelly, car je suis sûre que je vais te faire de la peine.

NELLY

Mon Dieu ! de quoi s'agit-il donc ? (*Bruit de fanfare au loin ; acclamations.*)

LUCY, *à Mary.*

Qu'est-ce que ce bruit ?

MARY

C'est sans doute la fanfare qui sonne l'hallali.

HENRIETTE, *à la reine.*

Madame, ne pensez-vous pas qu'il soit temps de rejoindre les équipages du roi ?

LA REINE

Attendons encore un instant. Laisse-moi savourer loin des regards de la foule la douce joie qui remplit mon cœur.

MARY, *s'avançant vers la reine.*

Madame, je désirerais vivement faire part à Votre Majesté d'un dessein que j'ai conçu.

LA REINE

Je vous écoute, ma chère Mary.

MARY

Depuis plusieurs années déjà je sens en mon cœur un immense désir de me consacrer tout entière à Dieu et de devenir sa servante.

LA REINE, *tressaillant.*

Comment, Mary, vous voulez quitter le monde?

LES AUTRES

Est-il possible!

MARY

Oui, madame; seulement j'avais résolu de ne point me séparer de Votre Majesté avant que la Providence eût arrangé les affaires du roi Charles II. Puisque ce jour est arrivé, j'espère que ma reine ne s'opposera pas à mon vœu.

LA REINE

M'y opposer! En ai-je le droit quand le Seigneur vous appelle?... Non, non, chère enfant, suivez votre route... Mais de quelle sainte maison avez-vous fait choix?

MARY

L'admirable société des Filles de la Charité, établie, comme Votre Majesté le sait, par le pieux abbé Vincent, et si bien dirigée par madame de Marillac, m'attire invinciblement. C'est au milieu de ces anges que je voudrais passer mes jours.

LA REINE

Cette préférence est bien digne de vous, Mary. Je suis

sûre que vous continuerez à être là, comme dans le monde, l'exemple et l'édification de tous.

HENRIETTE

Quelle douleur pour nous de perdre une telle amie !

NELLY

Est-il donc écrit que nous ne devons nous retrouver que pour nous séparer toujours ?

MARY, *à la reine.*

Je remercie de toute mon âme Votre Majesté, qui m'a si bien comprise. Toutefois, je me permets de lui faire encore une demande.

LA REINE

Que je suis toute disposée à vous accorder, ma chère fille. Ne tenez-vous pas, après mes enfants bien-aimés, la première place dans mon cœur ?

MARY

Votre Majesté me comble. Oserai-je à présent la supplier de ne pas abandonner ma chère Nelly ?

LA REINE

J'en prends l'engagement en présence de vous toutes, mesdames. Ainsi, soyez tranquille sur ce point, Mary.

SCÈNE V

LES PRÉCÉDENTES, LOUISE D'ESCLIMONT, *entrant.*

LOUISE D'ESCLIMONT, *à Mary, à mi-voix.*

On cherche partout Sa Majesté la reine Henriette. La chasse est terminée.

MARY, *à la reine.*

Madame, voici mademoiselle d'Esclimont qui est envoyée vers Votre Majesté pour lui annoncer la fin de la chasse. (*On entend un nouveau bruit de fanfare.*)

LA REINE

C'est bien. Nous allons rejoindre notre suite. Venez, mesdames. (*A Louise d'Esclimont.*) Merci, mademoiselle. (*Louise s'incline et sort.*)

SCÈNE VI

LA REINE, HENRIETTE, MARY, NELLY, LADY HAMILTON, LUCY

HENRIETTE, à la reine.

Ma mère, dites-moi, regrettez-vous maintenant d'être venue jusqu'ici comme je vous en avais priée ?

LA REINE, à Henriette.

O ma fille bien-aimée, était-ce donc cette surprise que tu me réservais ! Aimable et chère enfant, c'est toi qui m'as consolée après les fureurs de la tempête, et c'est encore toi qui, comme la colombe de l'arche, viens me faire entrevoir l'arc-en-ciel. (*Elle sort, suivie de lady Hamilton et des autres personnages; Mary, restée un peu en arrière, élève ses mains et ses regards au ciel.*)

MARY, à part.

Chère et auguste princesse! Dieu a eu compassion de sa misère et a mis un terme à ses douleurs. Je puis me retirer du monde sans regret. La reine-martyre verra encore de beaux jours.

ÉMILE COLIN, IMPRIMERIE DE LAGNY.